La Gaule au milieu du Ier siècle avant J.-C.

EXPLORONS

Dépôt légal Avril 1991
ISBN 2-261-02916-0
Imprimé en Belgique par Proost

Conforme à la loi n° 49956 du 16 juillet 1949
sur les publications destinées à la jeunesse.

Celtes et Gaulois

Textes : Pierre Forni
Gérard Garriga

Illustrations : François Pichon

Mise en page : Sylvie Filhol

Recherche iconographique : Michèle Kerneïs

Conception et direction d'ouvrage : Brigitte Arnaud

ROUGE & OR

Celtes et Gaulois

Dans les anciens livres d'histoire et les images d'Épinal « nos ancêtres les Gaulois » étaient batailleurs, courageux, fanfarons, indisciplinés et amateurs de banquets. Ces féroces moustachus élevaient dans des forêts impénétrables des porcs plus sauvages que des loups. C'est ce portrait qui a servi de modèle aux deux Gaulois les plus célèbres du monde : Astérix et Obélix.

Les Celtes étaient très différents, ils ne parlaient pas tous la même langue et n'avaient pas le même accent. Il y avait les Celtes marins en Bretagne, éleveurs en Suisse, laboureurs en Bohême. En dépit de sa diversité, cette multitude de tribus qui peuplait une grande partie de l'Europe, de la Bohême à l'Irlande, partageait le même idéal et souvent un genre de vie commun. S'ils aimaient les parures flamboyantes, les fêtes et les combats, les Celtes appréciaient aussi la poésie, l'éloquence et les hautes vertus.

Ce livre va vous présenter les dernières découvertes que les archéologues nous ont révélées sur les grands moments de leur vie quotidienne. Avec nous, venez explorer ce monde fascinant des Celtes, encore plein de mystère...

Pierre Forni
Historien

Gérard Garriga
Chargé de mission au musée Carnavalet

EXPLORONS

Celtes et Gaulois

Sommaire

Les Celtes : huit siècles d'histoire

Reconstitution d'une tombe princière du VIe siècle avant J.-C. : le tumulus de Kilchberg, en Allemagne.

Les protoceltes avaient peut-être déjà étendu leur influence sur toute l'Europe centrale et bien au-delà du Rhin dès l'époque du bronze moyen, de 1 500 à 1 000 avant J.C. Au fil des siècles, certains groupes de population partageant les mêmes croyances et parlant probablement une langue commune, se sont peu à peu distingués des autres tribus européennes. Les anciens ont baptisé indistinctement « Celtes », « Galates » ou « Gaulois » les habitants de la Bohême, de la Grande-Bretagne ou de l'Italie du Nord. Aujourd'hui, le mot Galate désigne les Celtes des Balkans et de Turquie, et le nom de Gaulois les innombrables tribus celtes qui peuplaient la France, la Belgique, la Suisse, une partie de l'Allemagne et de l'Italie du Nord.

Une civilisation brillante

La civilisation celtique du premier âge de fer, que les archéologues appellent la civilisation hallstattienne , se développe au VIIIe siècle avant J.-C. en Autriche, dans le nord de la Suisse, l'est de la France, le Luxembourg, le sud de l'Allemagne et la Bohême. C'est une civilisation brillante qui est à son apogée au VIe siècle avant J.-C.

Vers la fin du VIe siècle avant J.-C., les Celtes sont répartis à travers l'Europe en plusieurs groupes qui n'ont parfois que peu de contacts les uns avec les autres. Le groupe le plus important occupe les régions qui s'étendent de la Bourgogne à la Bohême. Un deuxième groupe est installé dans l'ouest de l'Espagne. Un troisième peuple la Bretagne et la Grande-Bretagne. Enfin, un groupe de populations celtes se trouve dans le nord de l'Italie.

Vers le milieu du Ve siècle avant J.-C., la civilisation hallstattienne fait place à la civilisation laténienne qui se constitue d'abord en Champagne, en Rhénanie et en Bohême, puis en Bretagne et en Grande-Bretagne.

Les Celtes conquérants

Au Ve siècle, des chefs laténiens décident de partir à la conquête de nouveaux territoires car les régions qu'ils occupent sont surpeuplées. Au début du IVe siècle avant J.-C., ils franchissent les Alpes et envahissent le nord de l'Italie appelé la Gaule cisalpine.

D'autres tribus progressent vers l'est, en suivant le Danube, et s'installent en Yougoslavie, en Hongrie et en Roumanie. Au cours du IIIe siècle avant J.-C., certaines tribus s'aventurent en Grèce. Une partie d'entre elles passe même en Asie Mineure, aujourd'hui la Turquie.

Les Celtes dominent presque toutes les régions comprises d'une part entre l'Angleterre et la Roumanie, d'autre part entre la Méditerranée et le nord de l'Europe.

Les Celtes menacés

Dès le début du IIIe siècle avant J.-C., les Celtes installés en Italie sont battus et leur territoire, la Gaule cisalpine, est conquis par les Romains. Les légions romaines atteignent l'Espagne et la Gaule dont ils annexent la partie sud entre 122 et 118 avant J.-C.. À partir de 109, la Gaule est ravagée par des tribus de Germains : les Cimbres et les Teutons qui sont finalement vaincus par les Romains en 102 et 101 avant J.-C.

Les Celtes des régions danubiennes sont écrasés par les Cimbres vers 114 avant J.-C. L'immense domaine celtique ne comprend plus que quelques territoires indépendants : la Gaule, à l'exception de la partie sud, devenue la Province romaine, mais aussi la Grande-Bretagne, l'Irlande, le sud de l'Allemagne et la Bohême où se sont réfugiés les Celtes du Danube.

L'effondrement des Celtes

Au début du Ier siècle avant J.-C., les Germains reprennent l'offensive. Conduits par leur chef, Arioviste, ils envahissent la rive droite du Rhin et s'installent dans le sud de l'Allemagne. Vers 65 avant J.-C., Arioviste franchit le Rhin, occupe le nord de l'Alsace et pénètre en Gaule.

En 58 avant J.-C., Jules César et ses redoutables légions interviennent en Gaule indépendante. Pendant 8 ans, les Gaulois résistent farouchement à l'envahisseur. Battus à Alésia en 52 avant J.-C., ils sont définitivement soumis à l'autorité de Rome 2 ans plus tard. Toute la Gaule devient une province romaine.

Entre 9 et 6 avant J.-C., les Marcomans, une tribu de Germains, s'emparent de la Bohême, dernier refuge des Celtes danubiens.

En 43 après J.-C., l'empereur Claude conquiert la Grande-Bretagne. Seule l'Irlande restera celte jusqu'au Moyen Âge.

Assiégé dans Alésia, Vercingétorix se rend à César en 52 avant J.-C.

Les princes de l'âge de fer

La citadelle princière de la Heuneburg, en Allemagne, occupée du VIe au début du Ve siècle avant J.-C.

Du VIIIe au Ve siècle avant J.-C., la culture hallstattienne s'épanouit au nord des Alpes, de l'est de la France à la Hongrie. Cette civilisation doit son nom au site minier de Hallstatt en Autriche où fut découverte une vaste nécropole de 2 000 tombes. À partir du VIIIe siècle avant J.-C., la métallurgie du fer progresse, surtout dans le domaine de l'armement, et les contacts avec le monde méditerranéen se développent. La classe des nobles guerriers devient la plus puissante : elle domine la société celte et accapare les richesses.

Au VIIe siècle avant J.-C., les chefs celtes installés en Autriche et en Tchécoslovaquie commercent avec les marchands méditerranéens et s'enrichissent. Mais, dès le VIe siècle avant J.-C., ils sont supplantés par les chefs qui habitent l'est de la France et le sud de l'Allemagne.

Un commerce actif

À partir du VIe siècle avant J.-C., les échanges commerciaux entre la Méditerranée et le monde celte s'intensifient. Des colonies grecques se sont installées : Marseille et Antibes sur la côte provençale, Agde sur celle du Languedoc ou Ampurias sur le littoral de la Catalogne espagnole. Ces cités grecques et les cités étrusques du nord de l'Italie commercent avec le reste de l'Europe.

Les princes importent surtout des produits de luxe : des bijoux, des objets décoratifs, du vin, de beaux services en bronze composés de cruches, de passoires, de coupes et d'autres récipients. Certaines pièces sont exceptionnelles comme l'énorme cratère en bronze découvert dans la tombe d'une princesse à Vix, en Côte-d'Or.

Ces produits sont échangés contre des esclaves ou des matières premières nécessaires aux artisans méditerranéens : de l'or, du cuivre, de l'ambre ou des fourrures.

Résidences princières

Enrichis grâce au commerce qui permet d'acheter des armes et de payer des soldats, certains chefs de l'est de la France, du sud de l'Allemagne et du nord de la Suisse constituent de véritables principautés. Ils soumettent à leur autorité d'autres chefs et habitent des résidences fortifiées sur des sites haut perchés qui dominent souvent un fleuve.

Véritables centres économiques et politiques, ces résidences sont défendues par d'imposantes murailles, mais ne sont pas très étendues : entre 3 et 9 hectares. Actuellement, nous en connaissons une dizaine, dont celle du Mont Lassois en Côte-d'Or sur la Seine et celle de la Heuneburg en Allemagne sur le Danube.

La somptueuse chambre funéraire du prince de Hochdorf.

Les tumulus : des sépultures fastueuses

On a retrouvé plusieurs tombes de chefs. Elles se trouvent près des résidences et révèlent une extraordinaire richesse.

Le corps du prince ou de la princesse est déposé à l'intérieur d'un imposant tertre de pierre ou de terre, appelé « tumulus ». Il est parfois surmonté d'une stèle qui représente sans doute le défunt. La stèle retrouvée à Hirschlanden, en Allemagne, est ornée de l'image d'un guerrier armé d'un poignard et coiffé d'un curieux chapeau conique.

À l'intérieur du tumulus est aménagée une chambre, destinée à recevoir le corps du prince. Le défunt repose souvent sur un char à quatre roues. Il est entouré d'un riche mobilier et de bijoux, un collier ou un bracelet en or, signes de la puissance du prince, d'armes et d'objets divers comme les pièces d'un service à vin.

Une tombe de prince

La tombe découverte à Eberdingen-Hochdorf, en Allemagne, nous fait découvrir la richesse d'un prince. C'est un énorme tumulus de 60 m de diamètre construit entre 550 et 500 avant J.-C. Dans la chambre funéraire aux parois tapissées de tentures, repose un colosse d'1,87 m, âgé d'une quarantaine d'années. Il est allongé sur une banquette en bronze munie de roulettes. Près de lui sont disposés des objets : un peigne, un rasoir, un chapeau conique en écorce de bouleau, un carquois et des flèches, un collier en or, un brassard, une plaque de ceinture et un poignard recouvert de feuilles d'or. Ses chaussures sont décorées de bandes d'or.

À l'une des extrémités de la banquette se trouve un chaudron de 500 litres fabriqué en Italie, reposant sur un support de bois et contenant une coupe en or. Des cornes à boire plaquées d'or sont suspendues sur la paroi opposée. Sur la caisse d'un char à quatre roues on découvre d'autres objets : des harnais de chevaux, une hache en fer, un couteau, plusieurs plats et assiettes en bronze.

La princesse de Vix contemple les fastueux objets qu'elle emportera dans l'au-delà.

La civilisation laténienne

L'oppidum d'Entremont, dans les Bouches-du-Rhône.

Au début du Ve siècle avant J.-C., la puissance des princes du Hallstatt décline. Les citadelles qu'ils occupaient et qui dominaient le monde celtique à la fin du VIe siècle avant J.-C. sont progressivement abandonnées. Une nouvelle société se met en place au cours du Ve siècle avant J.-C. Cette culture qui succède à la civilisation hallstattienne est appelée laténienne, du nom du site de La Tène sur les bords du lac de Neuchâtel en Suisse, où l'on a découvert de nombreux outils, armes et bijoux. La civilisation laténienne s'étendra, dès le IIIe siècle avant J.-C., à l'ensemble de l'Europe celtique.

Une nouvelle société

La transformation des grandes voies d'échange entre les mondes celtique et méditerranéen provoque la ruine des princes hallstattiens de l'est de la France, du sud de l'Allemagne, de l'ouest de l'Autriche et du Luxembourg. Au contraire les Celtes installés plus au nord, en Bohême, en Rhénanie et en Champagne, deviennent plus puissants. Ils supplantent les princes hallstattiens et donnent naissance à une nouvelle civilisation.

Pour fixer leurs manteaux, les Celtes utilisent des fibules ouvragées.

En Gaule chevelue, on chasse lièvres, cerfs, aurochs et sangliers.

Artisans et paysans

Les Celtes nobles continuent d'importer de nombreux objets d'origine méditerranéenne ; mais ils commencent à apprécier des produits fabriqués sur place. L'artisanat celte se développe pour répondre à la demande toujours plus forte. Les ateliers commencent à créer des pièces finement ciselées et des services à vin qui remplaceront progressivement l'artisanat étrusque. De nouveaux objets apparaissent comme les fibules : des broches servant à fermer les vêtements. Pour satisfaire le goût des princes, les artisans adaptent des motifs décoratifs empruntés aux peuples méditerranéens comme la palmette d'or ou la fleur de lotus. Ils donnent ainsi naissance à un nouveau style artistique.

L'agriculture est en plein essor car elle doit répondre à une importante augmentation de la population. Des terres qui n'étaient pas encore cultivées sont défrichées et mises en culture ou servent de pâturages au bétail.

Un nouvel armement

Les Celtes remplacent le glaive court par une longue épée en fer plus efficace. Celle-ci leur apportera une supériorité lors des combats et leur permettra de conquérir de nouvelles terres à partir du IVe siècle avant J.-C. Lances, javelots et grands coutelas complètent l'armement utilisé à la guerre et à la chasse.

Ils abandonnent les lourds chars à quatre roues pour des chars de combat beaucoup plus maniables. À leur mort, les chefs sont enterrés avec leur char, symbole de puissance, comme en témoigne le guerrier retrouvé à Somme-Bionne dans la Marne. Les femmes peuvent aussi être enterrées avec les chars, comme celles de Bad Durkheim en Allemagne et de Berru dans la Marne.

Les princes laténiens

Les nobles de la civilisation laténienne, qui dominent cette société en pleine transformation, contrôlent des territoires plus petits. Moins riches et plus nombreux que les princes du Hallstatt, les chefs laténiens se rapprochent du peuple. Leurs tombes se trouvent dans les cimetières à côté de celles des guerriers, des artisans ou des paysans.

Le temps des conquêtes

En Turquie, les Celtes conquérants fondent l'éphémère royaume de Galatie.

Au début du IVe siècle avant J.-C., les Celtes quittent leurs régions surpeuplées pour conquérir de nouveaux territoires. Ces migrations de populations étalées sur plusieurs dizaines d'années, de la fin du IVe au début du IIIe siècle avant J.-C., vont semer la terreur et la désolation de l'Italie à l'Asie Mineure. Après ces événements dramatiques, les redoutables guerriers celtes venus de l'ouest domineront une grande partie de l'Europe.

À l'assaut de l'Italie

Les Boïens de Bohême et de Bavière et les Sénons de la région de Sens franchissent les cols des Alpes et envahissent la vallée du Pô en Italie. Vers 390 avant J.-C., Rome est prise et pillée par les Sénons qui se retirent après le paiement d'une forte rançon. Des bandes armées mènent des raids au sud : dans le Latium, la Campanie et l'Apulie.

Installés dans le nord de l'Italie, la Gaule cisalpine, les Sénons, qui ont longtemps tenu tête aux légions romaines, sont battus et soumis par Rome en 283 avant J.-C., cent ans à peine après leur arrivée.

Les Boïens, alliés aux Insubres de Lombardie, résistent près de 60 ans. Ils seront finalement battus en 225 avant J.-C. près du cap Télamon. La République romaine écrase les Insubres, en 222 avant J.-C.

L'espoir renaît à l'occasion de la guerre qui oppose les Romains aux Carthaginois. Les Celtes de la Gaule cisalpine rejoignent en masse le général Hannibal, lors de son expédition contre Rome en 218 avant J.-C. Mais, en 207 avant J.-C., Hannibal et les Celtes sont vaincus. Une partie des Celtes quitte l'Italie et repasse les Alpes. Les Boïens se replient jusqu'au Danube.

La conquête de l'est

Pendant que des Celtes envahissent l'Italie du Nord, d'autres conquièrent de nouveaux territoires à l'est en suivant le cours du Danube. Ils s'installent dans l'est de l'Autriche et dans certaines régions de la Hongrie, de la Yougoslavie, de la Roumanie, de la Bulgarie et de la Tchécoslovaquie. À la fin du IVe siècle avant J.-C., ils se heurtent au puissant royaume de Macédoine.

L'invasion de la Grèce

Profitant des troubles qui ont éclaté à la mort du roi de Macédoine, Lysimaque, les Celtes commandés par Brennos pénètrent en Grèce. Ils espèrent piller le riche sanctuaire d'Apollon à Delphes. Mais, à proximité de la ville, une armée grecque réussit à arrêter leur avance et à les écraser.

Des Celtes originaires du Danube fondent en Thrace le royaume de Tylis. D'autres passent en Asie Mineure et se mettent au service du roi de Bithynie qui leur donne un territoire. Turbulents et pillards, appelés Galates par les Grecs, ils sont définitivement battus et soumis à l'autorité des rois de Pergame en 275 avant J.-C.

Après les expéditions en Grèce, des groupes ayant participé aux invasions se retirent vers le nord jusqu'au Danube. Ainsi les Scordisques s'établissent en Serbie où ils deviendront l'une des tribus les plus puissantes.

Du Danube à la Gaule

Vers le milieu du IIIe siècle avant J.-C., des tribus celtes venant des régions danubiennes migrent vers l'ouest. Les Belges s'installent en Gaule du nord et en Grande-Bretagne.

Une autre vague de migration, qui part également du Danube, atteint la Gaule du sud. Les Volques Arécomiques s'installent dans le Languedoc, les Volques Tectosages en Aquitaine.

Au cours de leurs raids dévastateurs, les Celtes menacent le riche sanctuaire d'Apollon à Delphes.

La civilisation des oppida

Une triple muraille protégeait la forteresse de Dun Aonghus, située dans l'île d'Inishmore, en Irlande.

Les Celtes installés en Italie du Nord, dans la Gaule cisalpine, habitent des villes fortifiées : les oppida. Battus par les Romains, ils repassent les Alpes à la fin du IIe siècle avant J.-C., apportant ce nouveau type d'habitation. Les oppida se multiplient jusqu'à la fin de l'indépendance des Celtes.

Un monde en mutation

Au cours du IIe siècle avant J.-C., d'importants changements économiques et sociaux se produisent. De nouvelles voies terrestres et fluviales se créent car les échanges avec le monde méditerranéen sont devenus très intenses, en particulier avec l'Italie.

L'agriculture est florissante et les excédents de récolte sont exportés. Les productions de l'artisanat augmentent rapidement et se spécialisent. Certains artisans travaillent le fer, d'autres le bronze, l'os ou la céramique.

Enfin, l'apparition de la monnaie transforme l'ancien système du troc où l'on échange un objet contre un autre. Les ateliers où l'on frappe la monnaie se multiplient.

Un artisan frappe une monnaie d'or avec un maillet et un coin.

Des Gaulois participent à la construction d'un « murus gallicus ».

Une citadelle bien défendue

Placé le plus souvent à proximité d'une route commerciale, l'oppidum occupe un site naturel protégé : une colline, un plateau, une île ou le méandre d'un fleuve. Des fortifications renforcent les points vulnérables. Ce sont de simples levées de terre, surmontées d'une palissade et précédées d'un fossé, ou des fortifications perfectionnées comme le « murus gallicus » : le mur gaulois.

Ce rempart, dont l'armature est faite de poutres en bois entrecroisées et remplie de terre et de gravats, est couronné par un parapet de bois. Un large fossé est creusé au pied d'un talus fortement incliné, ainsi l'assaillant se trouve devant un mur haut de 4 m.

Les grands oppida gaulois couvrent souvent plus de 100 hectares, mais cette surface n'est pas entièrement bâtie. Les espaces sans constructions servent de pâturage aux troupeaux, de marché et de refuge pour les paysans des alentours en cas de danger.

Le centre des activités

L'oppidum est une véritable capitale. Il domine tout un territoire dont il est le centre économique, administratif et religieux. C'est là que se tiennent les marchés et que transitent les marchandises.

Des artisans spécialisés ouvrent des ateliers, d'autres frappent la monnaie. La toute puissante classe des nobles qui gouverne réside dans l'oppidum. Des druides y vivent aussi car il y a souvent un sanctuaire.

Des oppida plus petits sont occupés par quelques guerriers qui ont pour rôle de surveiller les routes et le territoire de la tribu.

Bibracte, capitale des Éduens

Les fouilles archéologiques, menées depuis le XIXe siècle sur le mont Beuvray, en Saône-et-Loire, ont permis d'identifier la capitale des Éduens que César nomme Bibracte. Cet oppidum couvre une superficie de 135 hectares, ceinturée par un mur gaulois. Près de la porte principale, se trouve le quartier des artisans, regroupés par spécialités. Plus loin, sont concentrées les habitations de la noblesse. Sur la partie la plus élevée de l'oppidum et la plus éloignée de la porte principale, un sanctuaire est édifié.

Figures fantastiques, personnages mythologiques ornent l'avers et le revers des pièces de monnaie celtes.

La Gaule des tribus

Ce pavillon de trompe de guerre en forme de hure de sanglier appartenait à une tribu celte d'Écosse.

Au Ier siècle avant J.-C., le géographe grec Strabon nous apprend que les Celtes, qu'il appelle indifféremment « Galates » ou « Gaulois », ne parlent pas la même langue et n'ont pas le même accent. Ce sont, dit-il, des gens simples de caractère, fougueux, irascibles, batailleurs et très nombreux ! Par exemple les Belges peuvent rassembler sans problème plus de 300 000 guerriers.

Des peuples désunis

À la veille de la conquête romaine, la Gaule est divisée en plusieurs dizaines de territoires indépendants, délimités par des frontières naturelles : un marécage, un lac ou une chaîne de montagnes. Les Gaulois vivent encore en tribus. Cette forme archaïque de vie sociale étonne les voyageurs méditerranéens habitués à une société gouvernée par une administration et une assemblée populaire. Les Romains, qu'ils soient originaires de Sicile, de Provence ou d'Asie, ont tous le sentiment d'appartenir au même État : la République romaine. En revanche, les Gaulois ignorent ce qu'est une nation. Ils sont Arvernes, Sénons ou Bituriges et ne reconnaissent d'autorité qu'au chef de la tribu.

Les liens du sang

Les « pagus », ou « pays », sont les territoires de chaque tribu. Ces tribus regroupent plusieurs familles issues d'un ancêtre commun. Les membres sont liés par le sang. Ils se connaissent tous personnellement et chacun d'eux est prêt à mourir pour sauvegarder l'emblème tribal qui est très souvent un animal sauvage.

Des essais d'union entre les tribus

Au cours des siècles, les tribus nouent entre elles des liens plus étroits. Comprenant qu'elles ont à défendre un territoire commun, les oppida de Bretagne ou du pays arverne se fédèrent et placent à leur tête un magistrat suprême, appelé « vergobret » chez les Éduens. Il est élu chaque année par l'assemblée des druides et des nobles et il a droit de vie et de mort sur tous. Aidé par des magistrats de rang inférieur, le vergobret s'occupe de l'organisation des oppida. Il décide des alliances, lève l'impôt et aménage des routes.

Certaines fédérations de tribus tentent parfois d'imposer leur domination à toutes les autres comme les Bituriges et les Arvernes au IIe siècle avant J.-C., puis les Éduens au Ier siècle avant J.-C. Mais les légions de César mettent brutalement fin à ces tentatives d'union dont le succès aurait peut-être sauvegardé l'indépendance des Gaules.

Les quatre Gaules

César découvre un pays riche en or et très peuplé. La Gaule compte sans doute entre 10 et 15 millions d'habitants. Les tribus sont regroupées en une dizaine de fédérations plus ou moins puissantes. La Gaule est divisée en 4 zones d'influence.

Au sud-est du pays, s'étend la Province romaine. C'est un vaste et riche territoire où l'on cultive la vigne et l'olivier. Les Romains l'ont conquise au IIe siècle avant J.-C. Les colons venus d'Italie et les Gaulois vaincus cohabitent avec les descendants des premiers habitants de la région comme les Salyens, les Allobroges et les Volques.

À l'ouest et au sud de la Garonne, on pénètre en Aquitaine, occupée par des populations celtes et ibériques.

Dans le centre et l'ouest de la Gaule, appelée Celtique par César, on rencontre les puissantes tribus des Arvernes, des Éduens, des Vénètes et des Carnutes : les gardiens de la forêt sacrée qui couvre le centre de la Gaule.

La Belgique s'étend sur la partie nord et nord-est de la Gaule. C'est dans cette région que les Celtes sont les plus nombreux : belges Nerviens, Éburons ou Aduatuques, peuples farouches et indisciplinés.

Avant de quitter son territoire, Orgétorix, chef des Helvètes, fait recenser tous les migrants.

L'indépendance gauloise menacée

Représentés sur le chaudron de Gundestrup, ces guerriers défilent au son grave des trompes de guerre ou carnyx.

Après avoir vaincu les Carthaginois en Afrique du Nord, et détruit la splendide cité de Carthage, les Romains s'installent en Espagne qu'ils colonisent en 146 avant J.-C. La tentation de conquérir les territoires situés entre l'Italie et l'Espagne grandit. Rome n'attend plus qu'une occasion pour intervenir.

Les Romains en Gaule

En 125 avant J.-C., les Grecs de Massalia, aujourd'hui Marseille, menacés par la tribu des Salyens, appellent les Romains à leur secours. Le Sénat s'empresse de répondre à la demande de ses alliés en dépêchant en Gaule le consul Sextius Calvinus et ses légions.

Un an plus tard, le corps expéditionnaire romain pénètre en vainqueur en Provence dans l'oppidum d'Entremont, la capitale des Salyens. Peu après, le consul crée à quelques kilomètres un poste fortifié, Aquae Sextiae, Aix-en-Provence, pour protéger Marseille.

Les Germains sont les plus terribles ennemis des Celtes.

La défaite des Arvernes

Les Romains veulent conquérir de nouveaux territoires pour leur République. La Gaule est alors dominée par la tribu des Arvernes, située dans le centre, à laquelle s'opposent violemment les Éduens, installés dans la vallée de la Saône

En 122 avant J.-C., Rome décide d'accorder son soutien aux Éduens et envoie 30 000 légionnaires à l'assaut des forteresses arvernes placées sous l'autorité du roi Bituit. Le chef gaulois réagit vigoureusement. En quelques semaines, il rassemble 300 000 cavaliers et la meute de ses chiens de guerre. Il revêt son costume de pourpre et d'or, saute sur son char d'argent en déclarant que ces quelques Romains suffiront à peine à calmer l'appétit de ses redoutables molosses.

Les deux armées s'affrontent à proximité du confluent de l'Isère et du Rhône. Les Romains, pourtant 10 fois moins nombreux, écrasent les Celtes. Ils se saisissent traîtreusement de Bituit et l'envoient en captivité en Italie.

En 122 avant J.-C., la Gaule n'a plus de chef et Rome en profite pour s'emparer de la partie sud du pays, encore indépendante, que l'on appelle la Gaule chevelue ou Gaule des forêts.

La Province romaine

Avant de poursuivre leur conquête, les Romains organisent et renforcent le territoire nouvellement conquis. En 121 avant J.-C., ils fondent dans le sud de la Gaule la Province dont la capitale est Narbonne. En 118 avant J.-C., le Consul Ahenobarbus crée une route stratégique entre le passage des Pyrénées et la vallée du Rhône : c'est la voie Domitienne. Avec cette nouvelle Province, Rome dispose d'une zone de sécurité protégeant l'Espagne et d'une tête de pont solide d'où seront lancées d'autres expéditions.

Les invasions des Germains

Déjà menacés au sud par les légions romaines, les Gaulois subissent les assauts de nouvelles populations d'origine germanique : les Cimbres et les Teutons. Ces Germains anéantissent les tribus celtes qui se trouvent à l'est du Rhin. Ils ravagent le territoire gaulois du Norique, en Autriche, et pillent celui des Gaulois d'Illyrie, au nord de la Yougoslavie. Puis, ils franchissent le Rhin en 109 avant J.-C. Repoussés par les Belges, les Germains déferlent sur la Gaule et l'Espagne qu'ils dévastent pendant 7 ans.

En 102 avant J.-C., le général romain Marius parvient à battre les Teutons et les Cimbres. Ces victoires renforcent la puissance romaine, mais la Gaule, ruinée et affamée par ces années de massacres et de pillages, est plus pauvre et plus démunie que jamais.

Juché sur son char d'argent, l'arverne Bituit passe ses troupes en revue.

Le début de la guerre des Gaules

Nombreux, féroces, indomptables, les Germains menacent Celtes et Romains dans le film « La Chute de l'empire romain ».

Vers 60 avant J.-C., le druide éduen Divitiacos se rend à Rome pour plaider la cause de son peuple, à nouveau menacé par les Germains. La Gaule, explique-t-il aux sénateurs, a connu 40 années de paix. Pendant cette période de trêve, elle a développé ses relations commerciales avec l'Italie et elle a reconstruit ses villages et ses villes ravagés par les Cimbres et les Teutons. Divitiacos apprend aux Romains que les Germains viennent de s'allier au puissant peuple des Daces, installé en Roumanie.

La menace d'Arioviste

Chef du peuple germanique des Suèves, Arioviste rassemble autour de lui les tribus du nord et du centre de l'Allemagne et pénètre dans le territoire celtique, chassant les Boïens de Bohême.

De leur côté, les Éduens de Bourgogne, amis et alliés du peuple romain, tentent de reprendre la place occupée par les Arvernes et de dominer les autres Gaulois. Cette tentative provoque l'hostilité des Séquanes d'Alsace, qui ont pactisé avec le Germain Arioviste. Les Séquanes, aidés des Germains, battent les Éduens ; mais ils sont écrasés par les guerriers d'Arioviste qui refusent de rentrer chez eux et exigent le tiers du territoire séquane.

La grande migration des Helvètes

Orgétorix, le chef des Helvètes, décide de conduire son peuple, qui était installé dans le glacial massif alpin, sur les bords ensoleillés de la Garonne. Pendant 2 ans, les Helvètes ensemencent toutes les terres cultivables pour ne pas manquer de blé lors de ce long voyage. Ils achètent des bêtes de somme et des chariots. Orgétorix envoie ses ambassadeurs négocier le passage de son peuple avec les chefs des tribus voisines. Il fait inscrire sur des tablettes de bois la liste des émigrants : 263 000 Helvètes et 105 000 Rauraques, Latobices et Boïens. Avant de partir, les Helvètes et leurs alliés mettent le feu à leurs villages, pour ne pas être tentés de revenir.

Le 28 mars 58 avant J.-C., 368 000 hommes, femmes et enfants sont prêts et se rassemblent sur les bords du Rhône. Jules César comprend très vite qu'une nouvelle guerre de conquête servira ses ambitions personnelles et les intérêts de la République romaine.

César à la conquête de la Gaule

À 43 ans, Caïus Julius César ne possède encore ni la fortune, ni la gloire, seulement un nom de famille prestigieux. Il doit beaucoup d'argent aux banquiers qui le harcèlent. Grâce à ses appuis politiques, il obtient la fonction de proconsul d'Illyrie et de Gaule cisalpine et l'administration de la Province romaine. Nommé pour 5 ans, César quitte immédiatement l'Italie, bien décidé à conquérir par les armes l'or et la célébrité.

Les Helvètes décimés

César provoque les Helvètes en leur refusant l'autorisation de traverser le nord de la Province romaine. Bloqués sur les bords du lac Léman, les émigrants dirigent leurs lourds chariots bâchés vers le territoire des Séquanes et des Éduens.

En toute hâte, César rassemble 6 légions, pénètre en Gaule indépendante et se lance à la poursuite du convoi. Il rattrape d'abord l'arrière-garde ennemie et l'écrase sur les bords de la Saône. Quelques semaines plus tard, il anéantit presque toute la troupe helvète. Les 110 000 survivants, encadrés par les légions de César, sont reconduits en Suisse.

La défaite d'Arioviste

César installe son état-major et ses troupes à Bibracte, la capitale du peuple éduen. De là, il poursuit jusqu'à Besançon et se rapproche du Rhin afin de châtier le Germain Arioviste.

La rencontre décisive a lieu dans la plaine d'Alsace en 58 avant J.-C. et tourne rapidement à l'avantage de César. Toute la Gaule rend hommage à son libérateur sans se rendre compte qu'elle applaudit en réalité son futur maître.

Les légions de Caïus Julius Caesar empêchent les émigrants helvètes de traverser le lac Léman.

Les expéditions de César

César a 43 ans lorsqu'il obtient l'administration de la Province.

Enfermé dans sa tente de commandement, César achève de mettre au point les préparatifs de son expédition militaire contre les Belges, peuples réputés invincibles. S'il réussit à les soumettre, il pense que toute la Gaule acceptera sans combattre l'autorité de Rome. César, qui a levé deux nouvelles légions en Italie, gagne la Belgique au printemps de l'année 57 avant J.-C.

La soumission des Belges

Le peuple des Rèmes se soumet, mais les autres tribus belges, Bellovaques, Suessions et Nerviens, résistent farouchement à l'envahisseur. Face aux 50 000 légionnaires romains, les Belges opposent 300 000 hommes : en vain ! César bat cette formidable armée alors qu'elle traverse l'Aisne. Il s'empare des citadelles des Suessions et des Bellovaques et poursuit la conquête de la Belgique. César s'enfonce dans les épaisses forêts des Nerviens où leur défense énergique ralentit son armée, mais il est finalement vainqueur.

Son lieutenant Crassus, qui occupait les côtes bretonnes, lui apporte la reddition des Gaulois de la côte Atlantique. À l'automne de l'année 57 avant J.-C., César annonce enfin que la Gaule entière est pacifiée.

Les Celtes sont aussi d'excellents marins.

Comme les généraux des armées modernes, César dispose de corps de troupe spécialisés dans l'espionnage, l'intendance ou les soins médicaux.
Le Génie édifie tours d'assaut, ponts et palissades.

César, maître de la Gaule

Les Bretons se révoltent. Ils possèdent une puissante flotte de 200 navires. La bataille navale qui décide de la maîtrise des côtes se déroule dans le golfe du Morbihan en 56 avant J.-C. Les galères romaines n'ont aucune chance de l'emporter sur les navires gaulois plus lourds. Mais César fait installer aux vergues de ses vaisseaux de longues faux pour trancher les voiles et les cordages de la flotte ennemie. Ce stratagème réussit : les navires gaulois, incapables de manœuvrer, sont pris d'assaut, l'un après l'autre, par les légionnaires romains.

Ainsi César achève rapidement la conquête de toutes les côtes de l'océan Atlantique. À la fin de l'année 56 avant J.-C., le proconsul est maître de la Gaule chevelue.

Un pont sur le Rhin

Pour impressionner les Romains César entreprend aussitôt de nouvelles actions militaires. En 55 avant J.-C., il fait construire un fabuleux pont sur le Rhin, grâce auquel son armée peut avancer en reconnaissance sur la rive droite du fleuve.

Les premières révoltes

En Gaule, les partisans de l'indépendance gauloise ne désarment pas. Les uns assassinent les chefs gaulois qui ont accepté de servir les Romains, les autres rallient à leur cause des peuples qui ne se sont encore jamais opposés à César. À la fin de l'année 54 avant J.-C., Ambiorix, le chef des Éburons, une tribu belge, attaque et décime une légion romaine. César repart en campagne et pourchasse en vain Ambiorix pendant des mois.

Partout, les jeunes guerriers, impatients de se battre, jurent de mourir plutôt que de renoncer à leur nation. Encouragés par les druides, les Gaulois ne songent plus qu'à égaler les exploits du dieu de la guerre : Teutatès.

L'insurrection générale des Gaules

Cette vue aérienne montre l'oppidum d'Alésia, en Côte-d'Or.

C'est en février 52 avant J.-C. qu'éclate l'insurrection générale des Gaules. Plusieurs tribus gauloises décident de se révolter. Pendant que les druides, assemblés dans la forêt sacrée des Carnutes, célèbrent comme chaque année le 6ᵉ jour de la Lune, les Carnutes égorgent tous les résidents romains de Cenabum, aujourd'hui Orléans.

Un chef unique pour toute la Gaule : Vercingétorix

Il est à Gergovie lorsque lui parvient la nouvelle du massacre de Cenabum. Malgré l'opposition des nobles dirigés par son oncle Gobinnitio, le jeune chef gaulois est soutenu par le peuple. Il réussit à entraîner les Arvernes dans la guerre.

Guérilla et massacres

Vercingétorix comprend que la seule tactique pour vaincre les Romains est la politique de la guérilla et de la terre brûlée. Pendant des semaines, les Gaulois détruisent systématiquement récoltes, troupeaux et abris. Les Romains sont affamés et découragés. Le plan de Vercingétorix est sur le point de réussir ; malheureusement, les Bituriges refusent de détruire leur capitale Avaricum, aujourd'hui Bourges, une des plus belles cités gauloises.

En avril 52 avant J.-C., après un siège héroïque de 25 jours, César entre dans la ville et s'empare des vivres. Pour impressionner les Gaulois, il laisse ses troupes se livrer au pillage et au massacre. Sur les 40 000 habitants d'Avaricum, à peine 800 survivent à la furie romaine.

La prise de Lutèce

À la tête de 4 légions, un lieutenant de César, Labienus, quitte Sens au printemps 52 avant J.-C. et se dirige vers Lutèce, oppidum des Parisii, situé dans une île de la Seine. Grâce à la résistance des troupes gauloises, commandées par Camulogène, Labienus ne parvient pas à prendre l'oppidum. Il doit se réfugier à Melun et s'empare de la ville. Il remonte ensuite le cours de la Seine et dresse son camp devant Lutèce dont les habitants ont incendié les ponts. La bataille s'engage ; les Gaulois résistent courageusement, mais sont vaincus.

Victoire à Gergovie

César et six de ses légions se rendent chez les Arvernes pour tenter d'écraser le cœur de la coalition, dans l'insolente cité de Gergovie où l'armée gauloise s'est rassemblée. En juin 52 avant J.-C., César met le siège devant la citadelle arverne : un nid d'aigle accroché au sommet d'une montagne. Pendant l'assaut, ses légionnaires, surpris par une charge furieuse des Gaulois, s'enfuient : 46 centurions et 700 soldats sont tués. Cette grave défaite de César, la première depuis 5 ans, galvanise les troupes gauloises ; elle décide les Éduens à rompre leur alliance avec Rome et à rejoindre Vercingétorix.

Pris au piège

Vercingétorix ordonne à ses troupes de harceler les Romains jusqu'à la frontière. Malheureusement, quelques jeunes guerriers désobéissent à ses ordres et essaient d'achever l'ennemi. César réagit en envoyant ses redoutables auxiliaires germains qui sèment la panique parmi les jeunes guerriers gaulois. Ils les poursuivent et les massacrent. César profite de cette occasion. Il prend la tête de ses 10 légions et part affronter les Gaulois. En juin 52 avant J.-C., Vercingétorix était vainqueur ; en août, il est pris au piège.

Défaite à Alésia

Vercingétorix cherche refuge dans la citadelle la plus proche : Alésia, la capitale des Mandubiens. Il envoie les chefs de sa cavalerie organiser la levée en masse de tous les guerriers de la Gaule. Puis, il s'enferme avec des vivres pour 30 jours et 80 000 guerriers d'élite.

César et ses 50 000 légionnaires entreprennent aussitôt de gigantesques travaux de terrassement. Les Romains édifient une ligne de défense de 15 km de circonférence pour isoler Alésia, puis une seconde ligne, longue de 21 km, pour se protéger. Entre ces 2 lignes de fortifications, s'étend un espace large de 200 m, à l'intérieur duquel l'armée de César, à l'abri de hauts murs, peut circuler, manœuvrer, camper.

Privés de tout contact avec l'extérieur, les assiégés gaulois commencent à expulser les civils qui meurent de faim entre les murs d'Alésia et les palissades romaines.

Le 20 septembre 52 avant J.-C., arrive l'immense armée de secours, forte de 380 000 hommes ! Elle vient se heurter trois fois à l'inébranlable muraille romaine. Vercingétorix est battu. C'est la fin de l'indépendance de la Gaule.

Gergovie est la seule défaite de César.

Les Gallo-Romains

Fondée en 43 avant J.-C. par un lieutenant de César, la ville de Lugdunum, Lyon, est la capitale des Gaules.

La défaite de l'armée accourue au secours des prisonniers d'Alésia, à l'automne 52 avant J.-C., désole le camp gaulois. Vaincu par les infranchissables fortifications romaines, Vercingétorix décide de capituler sans condition.

Vercingétorix se rend

Après avoir salué ses compagnons, il enfourche un superbe étalon et surgit au milieu des Romains. Au pied de l'oppidum, Vercingétorix s'approche lentement de César et décrit un grand cercle autour de lui. Puis, il saute brusquement de son cheval et, prenant son épée, son javelot et son casque, il les jette aux pieds de César sans prononcer une seule parole.

Vercingétorix est emmené en captivité à Rome et jeté dans un cachot. Il n'en sortira que six ans plus tard en 45 avant J.-C., pour défiler enchaîné dans le cortège triomphal de César. Il sera probablement exécuté quelques jours plus tard.

En moins d'un siècle, la Gaule chevelue se couvre d'édifices imités des modèles romains : thermes, théâtres, temples...

La romanisation des Gaules

Pendant plusieurs dizaines d'années, la Gaule est dirigée par des militaires dont la mission est d'écraser férocement les dernières tentatives de résistance. Mais, sous le règne d'Auguste, de 27 avant J.-C. à 14 après J.-C., Rome décide de donner à cette immense région un nouveau cadre administratif et politique. Auguste règle d'abord le sort de la Province romaine : la Narbonnaise. Première colonie romaine de Gaule, elle devient province sénatoriale et reste soumise au Sénat romain.

La Gaule chevelue, directement administrée par l'empereur, est divisée en 3 provinces impériales, les Trois Gaules : l'Aquitaine, la Belgique et la Celtique. L'Aquitaine s'étend des Pyrénées à la Loire. La Belgique occupe un territoire compris entre l'océan Atlantique, la Loire, la Saône et la Seine. La Celtique, également appelée Lyonnaise, regroupe les régions de la Seine jusqu'au Rhin. Enfin, on décide de construire une ville au carrefour des Trois Gaules : Lyon, véritable capitale de la Gaule chevelue.

Les Gaulois, bons citoyens romains

Malgré la puissance de leurs légions, les Romains n'auraient jamais pu gouverner un pays aussi vaste s'ils n'avaient eu l'appui de certains Gaulois. Dès l'époque d'Auguste, à partir de 27 avant J.-C., les anciennes familles nobles sont invitées à collaborer avec les nouveaux maîtres de la Gaule. Pour conserver leurs fortunes et leurs privilèges, les chefs de tribus et les grands propriétaires terriens deviennent les plus ardents défenseurs de l'ordre romain. Cette fidélité est entretenue par le culte que tout citoyen doit rendre à la personne sacrée de l'empereur.

À partir de 12 avant J.-C., on organise à Lyon une assemblée de tous les chefs gaulois. Au cours de cette cérémonie annuelle, les représentants des 60 cités des Trois Gaules se réunissent en conseil afin de réaffirmer leur attachement et leur fidélité à l'empire romain. Sous le règne de l'empereur Claude, de 41 à 54 après J.-C., des riches gaulois sont désignés pour se rendre en délégation à Rome et siéger au Sénat.

De l'oppidum à la ville

Rome domine la Gaule et le monde. Elle est devenue le modèle de gouvernement et de civilisation pour toutes ses provinces. Partout, on construit des villes sur le plan de Rome qui deviennent des centres de diffusion de la culture romaine. Comme en Italie et dans tout l'Empire, on édifie en Gaule de nombreux bâtiments publics : des thermes à Paris, Arles, Limoges et Vaison, des amphithéâtres à Amiens, Autun, Lyon et Bordeaux, des cirques, des bibliothèques à Vienne, Saintes et Nîmes.

Le forum, cœur politique

Au centre des villes on aménage le forum, à l'intersection de deux routes principales. Le forum est une vaste place publique rectangulaire, entourée de colonnades. Autour on construit presque toujours une basilique, un temple et une curie dans laquelle se réunissent régulièrement les magistrats municipaux chargés d'administrer la ville. La basilique est le plus grand de tous les édifices civils romains ; elle sert à la fois de tribunal, de bourse de commerce et de lieu de promenade. Le temple est réservé au culte de l'empereur et aux membres de sa famille ; dans chaque ville les citoyens doivent rendre un culte à l'empereur considéré comme un dieu.

La Gaule s'installe dans la Paix romaine et connaît jusqu'au IIIe siècle une incroyable prospérité. En 212, l'empereur Caracalla accorde à tous les hommes libres qui vivent dans l'empire romain le droit de citoyenneté romaine.

L'arc de triomphe
symbolise la puissance de Rome.

Une noblesse guerrière

Ce casque de parade en bronze, fer, or et émail, datant du IIIe siècle avant J.-C., fut découvert dans l'Eure, à Amfreville-les-Monts.

Luctérios a convié ses amis et ses alliés à participer à un grand festin. Toute la journée, ses esclaves ont travaillé dans les cuisines et astiqué les coupes de bronze et d'argent. Des tables basses en bois et des bottes de foin sont recouvertes de peaux de loups et de chiens. Le soir venu, Luctérios qui surpasse tous les autres par sa valeur guerrière, s'asseoit à la place d'honneur. Les autres guerriers s'installent en cercle autour de lui dans l'ordre de leur importance. Cette scène, inspirée des récits de l'historien grec Diodore de Sicile, montre l'importance de la hiérarchie chez les guerriers celtes.

« Très nobles » et « hommes honorables »

Les nobles les plus considérés sont appelés « très nobles ». Ils appartiennent aux plus anciennes familles et comptent parmi leurs ancêtres des rois et des héros légendaires. Dans leur armée, ils peuvent incorporer les troupes de leurs vassaux, des nobles qui leur sont inférieurs : les « illustres » ou hommes honorables.

Combattre nu est une forme de défi et un rite magique des guerriers les plus courageux.

Des domaines immenses

Chez les Celtes, la puissance est fondée sur la propriété de la terre et sur la valeur guerrière qui permet de conquérir ou de protéger de vastes territoires. En Gaule, quelques puissantes familles princières se sont emparé des champs, des forêts et des rivières. Maîtres d'immenses domaines, les nobles Gaulois consacrent la plus grande partie de leur temps à chasser et à combattre Rome. Ceux qui ne sont pas nobles peuvent accéder à des postes de commandement, mais la société celtique ne reconnaît de pouvoir qu'aux rois, aux princes et aux chefs de clan.

En Gaule, il y a une multitude d'artisans et de marchands dont le sort dépend des nobles. Pour travailler, s'installer dans un hameau ou un oppidum, ils doivent demander l'autorisation au seigneur des lieux et lui payer une redevance.

Le culte des héros

Les enfants des nobles reçoivent une éducation guerrière qui ressemble à celle des jeunes Grecs de l'époque d'Homère au IXe siècle avant J.-C. Comme eux, ils apprennent par cœur les épopées des héros et des dieux dont ils rêvent d'égaler les exploits. Chez les Celtes, combattre n'est pas seulement un devoir mais aussi un droit.

Un armement somptueux

Le voyageur grec Strabon nous décrit les guerriers gaulois : « Ils se couvrent de bijoux d'or, portent des colliers d'or autour du cou, le torque des dieux, des anneaux d'or autour des bras et des poignets. Leurs chefs s'habillent d'étoffes teintes de couleurs éclatantes et brochées d'or ». Leur longue épée de fer est protégée par un fourreau de cuir décoré de plaques de métal ciselé couvertes de feuilles, de palmettes ou de figures fantastiques. Seuls les chefs et les riches guerriers ont un casque en métal orné d'un cimier ou de cornes. Parfois, ils couvrent leurs corps de peintures de guerre et de tatouages. Un guerrier ne doit pas trop grossir : l'embonpoint peut être puni de mort !

Le combat : un rite

Alors que le peuple n'aspire qu'à la paix, les nobles recherchent dans la fureur des combats la gloire et une fin héroïque. Certains ont un tel mépris de la mort qu'ils combattent nus. « C'était un spectacle frappant, écrit l'historien grec Polybe, que l'apparition et les mouvements de ces hommes nus, pleins de jeunesse et de belle stature. Tous ceux du premier rang portaient des colliers et des bracelets d'or. »

Lorsque l'armée gauloise est rangée en ordre de bataille, des guerriers s'avancent en dansant et provoquent en combat singulier les meilleurs de leurs adversaires. Ils brandissent leurs armes et les font sonner pour effrayer l'ennemi. Dès qu'un combattant répond à leurs provocations, ils entonnent des chants de guerre. Ces incantations démoralisent l'ennemi et encouragent les guerriers gaulois.

La puissance des druides

Au cœur de la forêt, les divinités se cachaient...

Le druide éduen Divitacos, représenté sur une statue en pierre découverte dans le Vaucluse.

Les druides ont impressionné les auteurs grecs et latins, mais le seul décrit précisément est l'Éduen Divitiacos. Rien dans son apparence et ses vêtements ne différencie ce druide d'un membre de l'aristocratie.

D'importants privilèges

Il n'est pas certain que les druides aient existé dans tout le monde celtique, mais en Gaule, en Grande-Bretagne et en Irlande, ils forment un clergé hiérarchisé et élisent un des leurs comme chef suprême.

Conseillers des rois, les druides occupent une position sociale importante aux côtés des nobles et bénéficient de privilèges : ils ne paient pas d'impôts et sont dispensés du service armé. Ils interviennent dans tous les domaines : politique, religieux et judiciaire. À la fois prêtres, médecins, philosophes, professeurs et juges, les druides sont surtout choisis parmi les nobles. Ils suivent pendant une vingtaine d'années un enseignement oral.

Intermédiaires entre les dieux et les hommes

Membres du clergé, gardiens des traditions, les druides règlent les cérémonies religieuses. Ils président à certains sacrifices et annoncent l'avenir en examinant la façon dont les victimes agonisent. Les druides croient en l'immortalité de l'âme et enseignent à leurs élèves que la vie se poursuit dans un autre monde après la mort.

Grâce à leurs connaissances en astronomie, ils établissent le calendrier fondé sur la Lune et fixent les jours favorables aux fêtes religieuses. L'auteur latin Pline nous a décrit le déroulement d'une cérémonie au cours de laquelle les druides, vêtus d'une robe blanche, cueillent le gui sacré dans les chênes avec une faucille en or.

Professeurs et juges

L'une des tâches principales des druides est d'instruire les nobles. Les Celtes connaissent l'écriture et utilisent l'alphabet grec, mais les druides transmettent leur savoir oralement car il concerne les domaines sacrés, réservés à une élite.

Les druides rendent la justice et leurs décisions sont respectées par tous. Intervenant dans les affaires de meurtre, d'héritage et dans les conflits entre les tribus, ils fixent les condamnations et peuvent exclure de la société ceux qui refusent de s'y soumettre. Chaque année, les druides se réunissent sur le territoire des Carnutes, dans la région de Chartres et d'Orléans. Ils arbitrent et règlent les querelles entre les tribus et les différends entre les chefs.

Persécutés par l'empire romain

Pour Rome, les druides sont la seule force capable de lui opposer une résistance parce qu'ils assurent l'unité entre les tribus celtes. Face à ce danger, l'Empire romain persécute ces prêtres. En Grande-Bretagne, les sanctuaires sont détruits au cours de campagnes militaires. En Gaule, dès le début du Ier siècle, les empereurs Tibère et Claude édictent des lois qui interdisent aux druides d'exercer leurs fonctions.

Les bardes, gardiens de la mémoire

Ce sont des personnages importants. Certains sont accompagnés d'une escorte et ont une place d'honneur à la table des banquets. Placés au même rang que les druides, ce sont les gardiens de la mémoire celte et des hymnes sacrés. Les bardes sont aussi des poètes, ils composent des chansons célébrant les exploits des guerriers et des chefs. Ils jouent d'une sorte de lyre : la « cruth ».

Un druide enseigne l'anatomie à de jeunes nobles. Il illustre sa leçon avec des représentations d'organes, sculptés dans des planches de bois.

Les hommes libres et les esclaves

Cette sculpture sur pierre représente la tête d'un guerrier de Msecke Zehrovice, en Bohême.

La société ne reconnaît que deux classes d'hommes : les druides et les guerriers nobles que César appelle « chevaliers ». Quant aux gens du peuple, la plupart sont des hommes libres, mais ils ne sont pas beaucoup mieux traités que les esclaves. Ils ne peuvent prendre aucune initiative et ne sont jamais consultés.

Un peuple écrasé et muet

Face aux grandes familles de la noblesse guerrière, l'immense majorité de la population, composée de paysans et d'artisans, demeure silencieuse. Écrasés d'impôts, et accablés de dettes, les Gaulois les plus humbles ne survivent qu'en se soumettant aux plus puissants.

Le lien d'homme à homme

Pour s'assurer un minimum de sécurité, pour cultiver un champ, pour installer dans un oppidum une forge ou un atelier, les hommes libres doivent se faire protéger par un noble dont ils deviennent les « clients ». En échange de l'assistance que ce chef de guerre leur accorde, ils se mettent à son service. Un petit noble ne peut espérer maintenir son rang qu'en devenant le vassal d'un seigneur plus puissant.

Tous les Gaulois sont liés les uns aux autres par une sorte de pacte sacré, un contrat qui leur impose des devoirs réciproques. Le guerrier doit assurer l'ordre et la sécurité de l'oppidum. Ses clients doivent le servir et subvenir à ses besoins.

Ce lien d'homme à homme, si puissant, étonne César. « La condition de ces personnages est la suivante : celui à qui ils ont voué leur amitié doit partager avec eux tous les biens de la vie ; mais s'il périt de mort violente, ils doivent subir le même sort ou se donner la mort ; et de mémoire d'homme, il ne s'est encore vu personne qui refusât de mourir quand avait péri l'ami auquel il s'était dévoué ».

Des citoyens privilégiés : les ambactes

À son service, chaque noble a un groupe de guerriers issus du peuple. On les appelle les « ambactes » : ceux-qui-sont-autour. Ils ont été choisis et éduqués par le chef auquel ils sont liés par un serment. Les ambactes forment un corps d'élite. Certains constituent la garde personnelle du prince : ils partagent sa vie quotidienne et ses repas. En évoquant l'un de ces grands dîners de nobles, l'écrivain grec Poseidonios raconte : « Les écuyers, ceux qui portent des boucliers, se tiennent derrière leurs maîtres, mais ceux qui portent des lances s'assoient en rond en face des maîtres et festoient comme eux ».

Les esclaves, méprisés et maltraités

Ils n'ont aucun droit. Ce sont eux que l'on fait travailler au fond des mines. Ils sont égorgés sur les tombes des nobles pour les servir dans l'au-delà ! Les chefs celtes utilisent sans doute moins d'esclaves que les Romains, mais ils les exportent en grand nombre dans les pays méditerranéens, ce qui leur permet d'acheter du vin et des produits de luxe.

Pour les hommes du peuple, la seule façon d'échapper à l'asservissement est de devenir guerriers. Les plus doués seront les ambactes d'un chef.

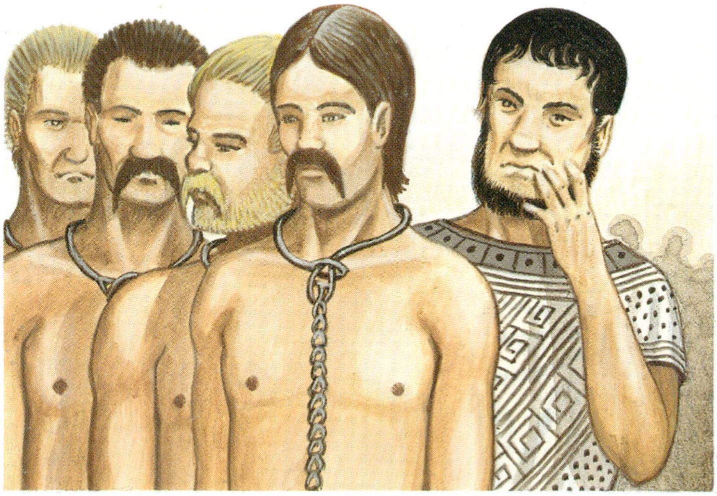

Des esclaves sont vendus à un marchand méditerranéen contre du vin, des bijoux ou des armes.

La vie en famille

La maison celte est solide et simple, avec un minimum de confort.

Blotti dans les bras de sa mère, le petit Carvilios pleure car il a appris qu'il ne reverra plus son père avant longtemps. Dans quelques heures, son oncle, Andocumborios, l'emmènera avec lui à la campagne pour s'occuper de son éducation. Son père, un grand guerrier, se penche vers lui et lui dit doucement : « Un futur chef ne doit pas pleurer. La coutume exige que les fils soient élevés loin de leur père. Il en a toujours été ainsi. Je t'accueillerai à nouveau sous mon toit quand tu auras été jugé digne de porter le torque d'or, l'épée de fer et le grand bouclier. Honore les dieux, sois brave, ne fais rien de mal et tu pourras, comme mon grand-père et mon père l'ont fait avant moi, guerroyer et fonder une famille dont tu seras le maître ».

Le père tout-puissant

Chez les Celtes, la famille constitue une cité minuscule dirigée par le père. Comme le pater familias à Rome, le chef de famille celte a le droit de vie et de mort sur son épouse et ses enfants. La mort du père ne met pas fin à ce droit tyrannique car la famille du père défunt hérite de son autorité : elle peut décider du sort de l'épouse et de l'avenir des enfants.

César raconte : « Lorsque meurt un chef de famille de quelque noblesse, les parents s'assemblent et si la mort suscite quelque soupçon, les femmes sont soumises à la question. Si le soupçon se confirme, elles sont mises à mort par le feu et toutes sortes de tortures ! » Mais ce genre de procès est certainement exceptionnel...

Pour les Celtes, la famille est la valeur suprême. Ainsi, lorsque les Éduens s'apprêtent à livrer bataille contre César, ils jurent que s'ils ne parviennent pas à traverser, une fois au moins, les rangs ennemis, ils renonceront à ce qu'ils ont de plus cher au monde : leurs enfants, leurs épouses et leurs parents.

Épouse et mère

On sait peu de choses sur les femmes gauloises. Les voyageurs grecs les décrivent comme belles, de haute taille, vigoureuses, attentives à l'éducation de leurs nombreux enfants. Certains peuples celtes, comme les Bretons ou les Irlandais, ont plusieurs épouses ; mais les Gaulois n'en ont probablement qu'une.

Chez les nobles, et sans doute chez les gens du peuple, le mariage est souvent arrangé par les familles. Il permet de nouer des alliances politiques et d'enrichir le patrimoine familial. La jeune épouse apporte une dot en argent que son mari double en prélevant une valeur équivalente sur ses biens personnels ; le tout forme un patrimoine commun dont chacun reste propriétaire. En cas de décès du père, ces revenus sont un gage de sécurité pour les filles et ils permettent aux fils de s'émanciper de la tutelle du père.

Un jeune Celte doit apprendre à combattre ; c'est son premier devoir.

L'éducation des enfants

Les mères sont chargées de l'éducation des enfants. Elles les endorment en leur racontant des contes fantastiques et des légendes étranges. Elles leur apprennent comment honorer les déesses protectrices du foyer. Les mères instruisent leurs filles jusqu'aux fiançailles.

Les garçons nobles, appelés à devenir guerriers ou druides, reçoivent jusqu'à la fin de leur adolescence une éducation qui les prépare à leur futur statut de chef. Ils s'initient d'abord au métier des armes, puis ils reçoivent une véritable instruction intellectuelle et morale. Sous la conduite des druides, les garçons apprennent à distinguer le Bien du Mal, à découvrir la nature du monde et des dieux.

Autour du chaudron

La maison gauloise est construite en argile ou en bois, couverte de chaume ou de roseaux. Elle comporte une pièce unique au sol en terre battue. Dans le chaudron en cuivre suspendu à la poutre maîtresse, les femmes préparent une grande variété de soupes et de bouillies de légumes ou de céréales : choux, lentilles et blé. Amateurs de fruits et de miel et gros consommateurs de viande, les Gaulois mangent aussi des poissons et du gibier.

Les plus riches achètent du vin, à prix d'or, aux marchands grecs ou italiens. Les plus pauvres se contentent d'eau, de cervoise, sorte de bière d'orge fermentée, ou d'hydromel, boisson à base de miel.

On vit en famille dans l'unique pièce de la maison et on s'y retrouve entre voisins.

La forêt et la terre

Passe-temps favori des Celtes, la chasse aux animaux sauvages constitue aussi une réserve de nourriture.

Guerriers réputés, les Celtes sont aussi des cultivateurs et des éleveurs. L'économie repose sur l'exploitation de la terre. Tout au long de leur histoire, les paysans s'efforcent d'augmenter leur production agricole pour répondre aux besoins d'une population toujours plus nombreuse.

De grandes forêts

Beaucoup plus étendue qu'aujourd'hui, la forêt est surtout constituée de châtaigniers, de chênes et de conifères. C'est un réservoir de nourriture pour les hommes qui y cueillent baies sauvages, châtaignes et champignons, ou les animaux, comme les porcs, qui s'engraissent de glands. Les Celtes chassent le gibier, perdrix, lièvres, sangliers et cerfs, dont les peaux et les fourrures servent à faire des vêtements. Ils défrichent également la forêt à la recherche de nouvelles terres pour étendre leurs cultures et installer leurs villes.

Les différentes étapes de la fabrication d'un tonneau, invention typiquement gauloise.

Le bois : une richesse

Les Celtes emploient le bois pour construire des navires, des maisons, des palissades et des ponts. Ils fabriquent aussi des chars qui roulent sur des voies non pavées et des tonneaux, une invention gauloise ! On extrait la résine des conifères qui sert à faire de la poix, utilisée comme enduit imperméable pour les coques des bateaux. De nombreux objets de la vie quotidienne comme les assiettes, les bols et les seaux sont en bois. Enfin, on alimente les forges et on se chauffe au bois.

Des outils pour l'agriculture

Les paysans habitent dans des villages non fortifiés ou dans des fermes isolées. Ils disposent d'un outillage perfectionné, bien adapté grâce aux progrès de la métallurgie du fer. Les forgerons fabriquent de nombreux instruments : houes, bêches, binettes, râteaux, serpes, faucilles et grandes faux.

On laboure les champs avec l'araire à soc de fer tirée par des bœufs. Sur les côtes de la Manche, les paysans se servent déjà de la charrue, plus puissante et plus efficace dans les terres lourdes. Ils améliorent leurs rendements par des engrais naturels comme les excréments d'animaux et par la mise en culture de nouvelles terres gagnées sur la forêt.

Des paysans celtes engrangent le grain dans des silos et des greniers sur pilotis.

Des céréales variées

Grâce à des textes anciens et à l'analyse des graines retrouvées dans la terre lors de fouilles archéologiques, nous connaissons quelques-unes des plantes cultivées par les Celtes. Les céréales constituent la base de l'agriculture : millet, seigle, sarrasin, avoine et diverses variétés de blé comme l'épeautre. L'orge fermentée sert à fabriquer une sorte de bière : la cervoise. Les Gaulois cultivent d'autres céréales, comme le chanvre et le lin, dont ils utilisent les fibres pour tisser les vêtements.

Après la récolte, les céréales sont stockées dans des granges, des greniers ou des silos creusés dans le sol et entièrement recouverts de terre. Les Celtes cultivent aussi des petits pois, des carottes, des navets, des choux, des lentilles, des haricots et des oignons.

Éleveurs et chasseurs

Les animaux domestiques sont différents de ceux d'aujourd'hui ; leur taille est nettement plus petite. On élève les porcs pour leur viande ; les salaisons celtes sont célèbres et elles sont exportées jusqu'en Italie. Le bœuf tire l'araire dans les champs ; la vache et la chèvre produisent du lait, qui sert à fabriquer des fromages dont les Celtes sont gourmands. La laine des moutons est teintée avec des colorants naturels avant d'être tissée. Les chevaux sont élevés pour tirer les chars. Coqs, poules, canards et oies forment la basse-cour.

Les Celtes complètent leur menu par la pêche et la chasse au cerf ou au sanglier. Les os des animaux abattus servent à faire des objets utilitaires et décoratifs comme des aiguilles à coudre ou des épingles à cheveux. Avec les peaux on fabrique des vêtements, des chaussures, des voiles de bateaux et des récipients comme les outres.

Le commerce et l'artisanat

Ces fastueux objets funéraires d'une princesse celte du Ve siècle avant J.-C. furent découverts à Reinheim, en Allemagne.

La Gaule fait rêver les peuples méditerranéens. On y trouve du blé et du bétail en abondance, des mines d'or, d'argent et de fer, des fourrures, des perles précieuses, des chiens de chasse et même des esclaves. Toutes ces richesses attirent les marchands grecs ou italiens dont les chariots sillonnent le pays en tous sens. Cette activité ininterrompue favorise le développement des voies de communication et de l'artisanat local.

Les premiers marchands

Dès le IIIe millénaire avant J.-C., les colporteurs parcourent les sentiers pour troquer des haches de pierre polie ou des couteaux d'obsidienne contre d'autres objets. À l'âge de bronze, de 1 800 à 700 avant J.-C., les hommes ouvrent de nouvelles voies jusqu'en Grèce pour échanger l'ambre de la Baltique ou l'étain de Bretagne. Des marchands, venus d'Orient, de Crète ou du sud de l'Italie, apportent des colliers en pâte de verre bleu, des statuettes, des armes fabriquées en Méditerranée. Ces échanges incessants entraînent le développement d'un véritable réseau de communications, jalonné de relais, de gîtes d'étapes, de ponts, de ports fluviaux et de bacs.

Les Celtes utilisent beaucoup les fleuves comme voies de communication.

Sur les fleuves et les mers

Les Gaulois utilisent le réseau des fleuves et des rivières pour transporter les marchandises et les voyageurs. À l'époque de la conquête romaine, il y a de nombreux bacs et, sans doute, de véritables flottilles de barques, souvent halées depuis les berges.

En mer, naviguent les lourds vaisseaux de chêne ; leurs voiles sont faites en peau de moutons ou de bœufs. Ces gros navires marchands font la liaison entre l'Angleterre et la Gaule et se déplacent de port en port le long des côtes de l'océan Atlantique.

L'or des Gaules

Les voyageurs découvrent avec étonnement que l'or abonde partout en Gaule, dans de nombreuses régions et surtout dans la région de Toulouse. On répand l'or même sur le sol des temples et d'autres lieux sacrés. Les orfèvres utilisent beaucoup ce métal précieux. Certains frappent des monnaies ornées de figures divines ou d'animaux fantastiques ; d'autres fabriquent des armes splendides.

Les Celtes échangent leurs lingots d'or ou de fer contre des produits de luxe, vin, vaisselle et bijoux, importés par les marchands grecs ou italiens.

Des artisans habiles

L'artisanat se développe avec les échanges commerciaux. Les Gaulois sont de bons menuisiers et de bons tisserands. Ils fabriquent une grande quantité d'objets en bois, mais aussi des barques et des navires de haute mer, des chariots et des tonneaux. Ils confectionnent de superbes étoffes de laine colorée.

Les Gaulois sont aussi d'excellents forgerons. Le fer qu'ils emploient pour forger les armes, cercler les tonneaux ou fixer les planches, provient des mines de Lorraine, du Berry, de l'Auxerrois et du Périgord.

Depuis le IIe siècle avant J.-C., les potiers travaillent la céramique sur des tours. Après la conquête, la céramique devient l'une des principales marchandises exportées dans les autres provinces de l'Empire romain.

Les oppida regroupent toutes les activités d'une région. Les marchés les plus importants se déroulent à l'intérieur de leurs solides enceintes.

Cavernes et convois

Depuis le VIIIe avant J.-C., la Gaule est traversée par de grands axes de circulation le long desquels les caravanes de mulets et les convois de chariots progressent lentement. Ces routes, autrefois de simples sentiers, sont élargies et aménagées. On comble les pentes abruptes et on construit des ponts en bois. Les peuples qui habitent le long des routes, s'enrichissent en prélevant des taxes sur les produits transitant sur leurs territoires.

Les échanges commerciaux avec l'extérieur s'effectuent par plusieurs axes : la voie du Danube, la trouée des Vosges, le Jura, la vallée du Doubs et les cols élevés de la Suisse. Un nouvel axe de communication s'ouvre : cette voie part de Marseille, suit la vallée du Rhône jusqu'au coude de la Saône à Chalon, puis par la Bourgogne atteint le bassin de la Seine et le carrefour parisien contrôlé par la petite tribu des Parisii.

Les mille regards des dieux

Entouré d'animaux, le dieu aux bois de cerf, Cernunnos, tient dans une main un torque, dans l'autre un serpent à tête de bélier.

Comme tous les Celtes, les Gaulois sont très religieux. Ils adorent des centaines de divinités différentes qui peuplent les rochers, les forêts ou les eaux. Les découvertes archéologiques révèlent le nom de plus de 400 divinités, alors que César affirme que les Gaulois n'honorent que 6 grands dieux et déesses : le dieu du commerce, protecteur des voyageurs et inventeur des arts ; le dieu de la santé ; le dieu de la guerre auquel on offre butin, offrandes et sacrifices humains ; la déesse des techniques ; le dieu du ciel ; le dieu des morts et des Enfers dont les Gaulois se prétendent les descendants.

Une religion de la nature

Dans la civilisation gauloise la nature, arbres, fleuves ou rochers, est très importante. Les Gaulois vivent en contact permanent avec elle et vénèrent des arbres sacrés, des montagnes, des lacs, des sources miraculeuses où vivent souvent un dieu ou une déesse guérisseur.

Le mystérieux dieu Ogmios est l'une des multiples divinités celtiques.

Divinités animales et animaux sacrés

Les Gaulois adorent les grands animaux sauvages qui parcourent leur territoire ou se cachent au fond des épaisses forêts : le sanglier, le cerf, le cheval, l'ours ou le taureau, souvent représenté avec trois cornes, qui symbolise la vigueur et la force.

Une multitude de dieux locaux

Borvo, Rudianos ou Segomo ne sont honorés que par certaines tribus. Très populaires ici, on les ignore ailleurs. Le dieu au maillet est surtout connu chez les habitants des vallées du Rhône, de la Saône ou du Rhin. Le dieu à 3 visages est adoré dans le nord-est de la Gaule et chez les Rèmes, habitants de Reims. Le dieu accroupi est vénéré dans le centre de la France. On pense que certains peuples rendaient aussi hommage à des héros divinisés.

Trois grands dieux

Taranis, le Tonnerre, règne sur les cieux et préside aux combats pendant lesquels il se manifeste parfois avec son arme, le foudre : une roue enflammée.

Teutatès est le dieu protecteur de la communauté qui l'honore par de grandes fêtes auxquelles tous participent.

La nature et le rôle d'Esus sont inconnus. Il est représenté sur un pilier sculpté, retrouvé dans l'île de la Cité, à Paris, qui date du Ier siècle. Esus apparaît sous les traits d'un homme barbu, vêtu d'une tunique, abattant un arbre dans une forêt.

Ogmios et Cernunnos

Le marcheur ou le conducteur Ogmios est un vieillard chauve, revêtu d'une peau de lion, qui porte une massue comme Hercule. De sa langue partent des chaînes qui s'attachent aux oreilles des hommes qu'il traîne derrière lui. Dieu de l'éloquence ou conducteur des morts, on ne connaît pas sa véritable nature.

Cernunnos, dieu mi-homme mi-bête, règne sur le monde animal. Sa tête est surmontée d'une ramure de cerf et ses pieds sont parfois des sabots. Il est entouré de bêtes sauvages et d'un mystérieux serpent à tête de bélier.

Le chaudron d'argent

Des objets évoquent un cycle légendaire, comme le chaudron d'argent découvert à Gundestrup au Danemark, datant du Ier siècle. Il présente plusieurs épisodes où les dieux sont mis en scène : Taranis tend une roue enflammée symbolisant la foudre ; Cernunnos, assis au milieu d'animaux sauvages, présente d'une main le serpent à tête de bélier, et de l'autre un torque. Une des scènes illustre un sacrifice offert à Teutatès, qui plonge dans une cuve un petit personnage, tandis que défilent cavaliers et fantassins conduits par le serpent à tête de bélier.

La religion gauloise révèle un goût pour les figurations fantastiques.

Lieux sacrés et sanctuaires

L'eau tient une place importante dans les croyances religieuses des Celtes.

Ces têtes de héros proviennent de l'oppidum d'Entremont.

Les Celtes voyaient dans les lacs, les étangs, les forêts et les rochers, des lieux habités par des puissances divines. Ils leur vouaient un culte particulier et y déposaient des offrandes. Les plus anciens sanctuaires se trouvent dans des cimetières. Au cours des fouilles archéologiques, les seules traces relevées sont des trous de poteaux et de grosses pierres qui auraient servi à établir un calendrier et à fixer les jours de fêtes.

Des grottes mystérieuses

Elles étaient le décor de rites funéraires et guerriers. Dans la grotte du Trou de l'Ambre, en Belgique, on a découvert des squelettes d'hommes, de femmes et d'enfants mis à mort. Ils étaient enterrés à côté de poteries ornées de symboles solaires et d'un curieux motif en forme d'étoile dessiné avec des lingots de fer.

Le sanctuaire

D'autres sites riches en vestiges sacrés ont été fouillés. Les recherches effectuées à Gournay-sur-Aronde, dans l'Oise, et à Ribemont-sur-Ancre, dans la Somme, permettent d'imaginer ce qu'était un sanctuaire celte.

Situé en général sur une hauteur, le sanctuaire est édifié au centre du territoire d'un peuple ou près d'une de ses frontières. Isolé dans la campagne ou proche d'un oppidum, il se présente comme un enclos carré aux angles arrondis, séparé du monde des vivants par un large et profond fossé et par une palissade. À l'intérieur de l'espace central, le « périmètre sacré », on a retrouvé des traces d'installations utilisées lors de cérémonies religieuses : des trous de poteaux orientés selon la position des astres, des fosses de formes et de dimensions variables destinées à recevoir des offrandes et des vestiges d'un temple en bois.

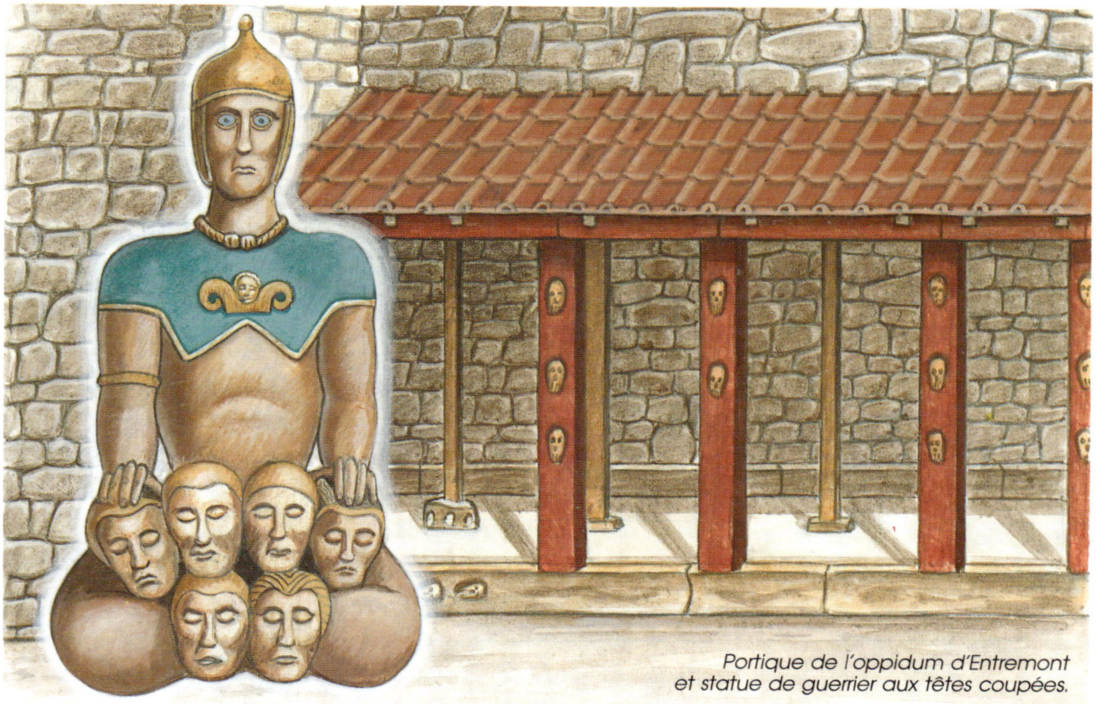

Portique de l'oppidum d'Entremont et statue de guerrier aux têtes coupées.

Le temple

La décoration et les murs du temple en bois ont disparu. Seuls les trous de poteaux, disposés régulièrement, sont encore visibles. Les premiers temples ont des formes différentes, puis le plan carré se généralise : le temple est composé d'une chambre, ou « cella », fermée sur 3 côtés, ouverte le plus souvent à l'est, entourée parfois d'une galerie de circulation. Le « fanum », temple gallo-romain, gardera ce plan.

Enclos et portiques

Certains sanctuaires sont des enclos carrés longs d'une centaine de mètres, entourés d'un haut talus et d'un fossé profond. On les trouve surtout dans le sud de l'Allemagne.

Dans la basse vallée du Rhône les sanctuaires se présentent comme des portiques à colonnade. Le plus connu est celui de l'oppidum d'Entremont. Ses piliers sont creusés d'alvéoles, destinés à recevoir des crânes humains. On a retrouvé également des statues de guerriers en cuirasse.

L'eau sacrée

Les Celtes vouaient un culte à l'eau sous toutes ses formes : sources, lacs, étangs et rivières. Les Volques Tectosages, qui habitaient la région de Toulouse, immergeaient dans les eaux d'un lac des objets en or et en argent qu'ils dédiaient au dieu Bélénus. Cette offrande à des divinités existait aussi dans d'autres régions : en Suisse, près de La Tène, on a découvert dans la rivière des milliers d'armes et d'outils de fer, et de nombreuses monnaies.

L'offrande aux dieux semble être le rite le plus important de la religion celtique.

Offrandes et sacrifices

Dans les fossés entourant certains sanctuaires, les Celtes enfouissaient des cadavres d'animaux, parfois d'êtres humains.

L'offrande de nourriture a une grande part dans les cérémonies qui se déroulent à l'intérieur des enclos sacrés. Les Celtes offrent aux divinités bienveillantes qui habitent dans ces enclos des fruits, des céréales, sans doute des légumes, des galettes, des pains ou des bouillies. Dans le sanctuaire de Mirebeau, en Côte-d'Or, on a même découvert du blé sur des fragments de bouclier.

Des boissons, comme l'hydromel ou la cervoise, devaient être offertes car on a retrouvé sur le sol des sanctuaires de nombreux vases brisés.

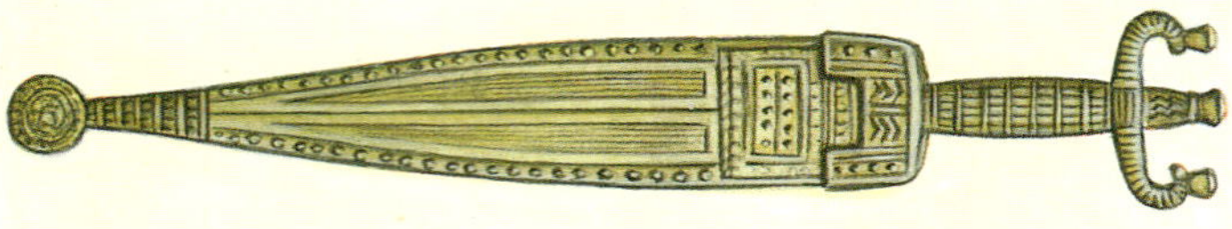

Gaine en feuille d'or du poignard du prince de Hochdorf.

Sacrifier des animaux

Dans les enclos sacrés, les archéologues ont trouvé de nombreux ossements d'animaux : bœuf, porc, mouton, agneau, chien et poulet. Au cours de banquets donnés en l'honneur des dieux, on mange des morceaux de porc et de mouton et on leur offre les entrailles des bœufs.

Lors d'autres fêtes dédiées aux dieux de la terre, un bœuf est paré de guirlandes et conduit au milieu du sanctuaire. Il est tué à coups de hache, on abandonne son corps dans une fosse au centre de l'enclos jusqu'à ce qu'il ne reste plus que les os. Puis, on enlève la carcasse et on nettoie le sol. Une partie des os est entreposée dans les fossés entourant le sanctuaire, souvent près de la porte pour en protéger l'accès.

Seul le cheval bénéficie d'un traitement particulier. Les os de chevaux que l'on a retrouvés dans les fossés entourant les sanctuaires ne portent aucune trace de mort violente. Animal sacré, le cheval n'est jamais sacrifié. Comme ils l'ont fait à Alésia, les Gaulois préfèrent mourir de faim plutôt que de tuer leur monture !

Dans le sanctuaire, des prêtres célèbrent un sacrifice.

Cette scène représente sans doute un dieu qui sacrifie un homme en le plongeant dans une cuve.

Consacrer des armes

Dans les sanctuaires dédiés aux divinités guerrières, les Celtes consacrent des armes qui appartiennent aux guerriers de la tribu ou peut-être aux ennemis vaincus. Elles sont sacrifiées au cours de cérémonies qui sont fréquentes. Dans les fossés du sanctuaire de Gournay-sur-Aronde, dans l'Oise, on a découvert près de 2 000 armes ! Elles ont été détruites rituellement : les épées et les fers de lance sont pliés, tordus ; les boucliers démontés, découpés à la pince ou martelés. Certaines armes sont déposées dans les fossés, d'autres suspendues aux murs du temple.

Des rites macabres

En sacrifice aux dieux, les Celtes offrent des prisonniers, des voleurs, et parfois d'innocentes victimes. Lucain et César nous décrivent ces cérémonies avec précision. Des hommes sont noyés dans de grands récipients en l'honneur de Teutatès, certains brûlés dans des mannequins d'osier pour satisfaire Taranis, d'autres pendus pour apaiser Esus. Au cours de ces cérémonies, les druides devinent l'avenir en observant la manière dont les victimes agonisent.

On a retrouvé des ossements humains mêlés à ceux d'animaux dans plusieurs sanctuaires. À Ribemont-sur-Ancre, dans la Somme, les ossements empilés forment un édifice de plusieurs milliers de fémurs et de tibias ! Ces os ne portent pas de traces de sacrifice mais des traces d'incisions. Pendant les rites de funérailles, la tête du défunt est souvent détachée, son corps démembré et coupé en plusieurs morceaux.

Les guerriers ont dominé la société celtique pendant presque 8 siècles...

Les grandes dates de l'histoire celte

Grande-Bretagne et Irlande

Vers 450 avant J.-C.
Le Carthaginois Himilcon longe les côtes de la Grande-Bretagne qui semblent déjà habitées par des peuples de langue celte.

Ve siècle
Arrivée des Celtes dans le bassin de la Tamise.

IVe siècle
Voyage du Grec de Marseille Pythéas.

Milieu IIIe siècle
Installation des Belges en Grande-Bretagne.

Ier siècle
Essor des oppida.

55
César traverse la Manche ; 1re expédition en Grande-Bretagne.

54
2e expédition en Grande-Bretagne. Soumission des peuples celtes habitant le cours inférieur de la Tamise.

43 après J.-C.
Expédition de l'empereur Claude en Grande-Bretagne. Occupation du sud des îles Britanniques.

Gaule et Rhénanie

750-700 avant J.-C.
Début du 1er âge du fer : civilisation hallstattienne.

Vers 600
Fondation de Marseille par les Grecs de Phocée.

Vers 475-450
Début du 2e âge du fer : civilisation laténienne.

Vers 250
Toute la Gaule est celtisée, des Celtes originaires du Danube s'installent au nord de la Loire et en Languedoc.

218
Hannibal traverse le Languedoc et la Provence.

IIe et Ier siècles
Essor des oppida.

154
1re expédition romaine contre les Salyens de Provence.

125-117
Conquête de la Gaule du Sud par Rome.

121
Défaite des Arvernes commandés par Bituit.

113-100
Invasion des Cimbres et des Teutons.

Vers 80
Celtill, père de Vercingétorix, tente de restaurer la royauté arverne.

58-52
Guerre des Gaules.

51
Début de la pacification de la Gaule.

Début Ier siècle après J.-C.
Organisation de la Gaule romaine.

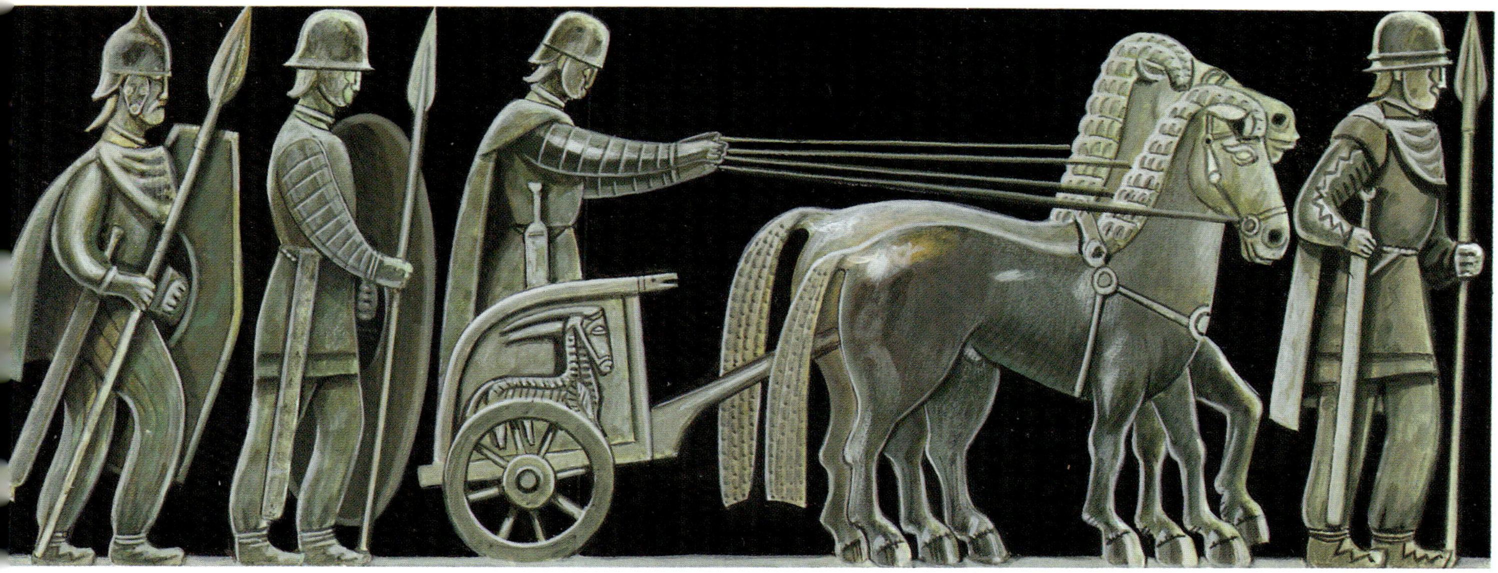

Italie

Vers 800 avant J.-C.
Début de la civilisation étrusque.

750
Fondation de Rome.

Début IVe siècle
Invasion des Celtes en Italie.

Vers 390
Prise de Rome. Invasion du Picenum. Raids en Italie.

Vers 335
Traité de paix de 30 ans entre Gaulois et Romains.

283
Sénons et Boïens battus par Rome.

225
Victoire de Rome sur les Celtes au cap Télamon, en Toscane.

222
Victoire romaine de Clastidium sur les Insubres. Prise de Milan, leur capitale.

216
Victoire d'Hannibal et des Celtes à Cannes.

207
Bataille du Métaure. Celtes et Carthaginois sont battus.

197-191
Soumission des Celtes d'Italie du Nord. Des Boïens repassent les Alpes.

81-79
Dictature de Sylla.

45
Triomphe de César. Mort de Vercingétorix.

44
Assassinat de César.

Grèce et Asie Mineure

369 avant J.-C.
Mercenaires celtes dans le Péloponnèse.

335
Ambassade celte auprès d'Alexandre le Grand.

298-278
Les Celtes en Thrace, à Delphes et en Asie Mineure.

277-213
Royaume de Tylis en Thrace.

275
Les Celtes reçoivent la Galatie.

241
Le royaume de Pergame combat les Celtes.

166
Soulèvement des Galates.

135
Les Romains battent les Scordisques.

120
Les Boïens repoussent les Cimbres.

85
Les Scordisques sont soumis par Rome.

50
Les Daces battent les Boïens de Pannonie.

35
Les Romains progressent jusqu'au Danube.

25
La Galatie devient province romaine.

12
Conquête de la Pannonie par Rome.

9-6
Les Marcomans occupent la Bohême.

Index

Le monde celte

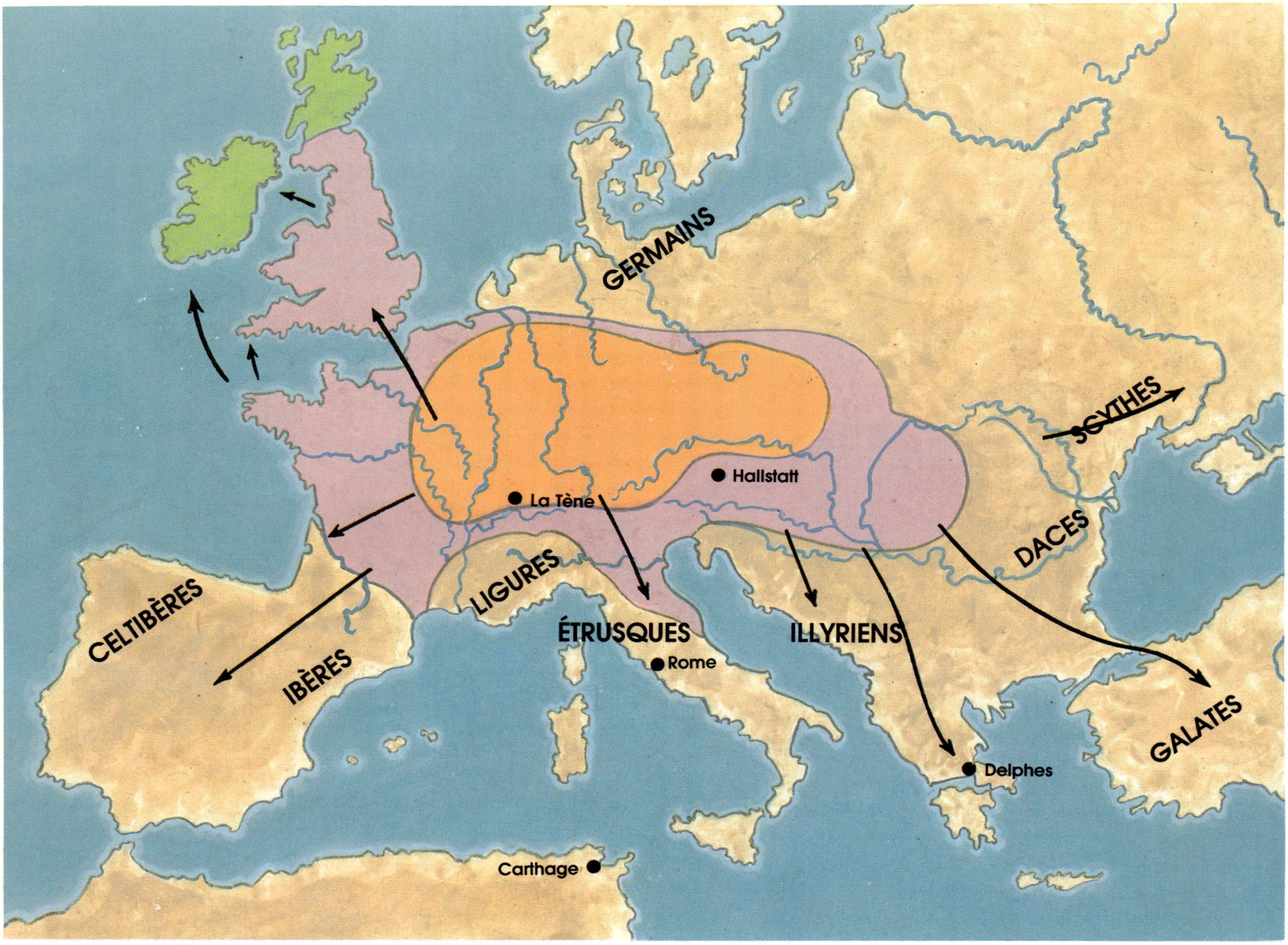

Aire d'expansion tardive IIe-Ier siècles avant J.-C.

Aire d'origine de la civilisation de La Tène

Extension aux IVe-IIIe siècles avant J.-C.

Direction de l'expansion